Hermann Multhaupt

Möge der Wind immer in deinem Rücken sein

Alte irische Segenswünsche

Bergmoser + Höller Verlag, Aachen

Morgengebet des hl. Patrick

(Patrick, Apostel von Irland, † 493)

Ich erhebe mich heute in gewaltiger Kraft,
in Anrufung der Heiligsten Dreifaltigkeit,
im Glauben an die Dreiheit,
im Bekenntnis der Einheit des Weltenschöpfers.

Ich erhebe mich heute
in der Kraft der Geburt Christi und seiner Taufe,
in der Kraft Seiner Kreuzigung und Grablegung,
in der Kraft Seiner Auferstehung und Himmelfahrt,
in der Kraft Seiner Wiederkunft zum Jüngsten Gericht.

Ich erhebe mich heute
inmitten der Kräfte des Himmels und der Erde,
im Licht der Sonne und im Glanz des Mondes,
im Leuchten der Feuerglut und im Sprühen der Blitze,
im Brausen der Stürme und im Fluten der Meere –
unter mir die Feste der Erde,
vor mir die Härte der Felsen!

Ich weihe mich heute Gottes mächtiger Führung,
Gottes wachendem Auge,
Gottes lauschendem Ohr,
Gottes schützenden Händen,

Gottes fürsprechendem Wort,
Gottes leitender Weisheit,
Gottes offenen Wegen,
Gottes bergendem Schild,
Gottes rettender Heerschar.

Christus sei mit mir,
Christus sei vor mir,
Christus sei in mir,
Christus sei unter mir,
Christus sei über mir,
Christus zur Rechten,
Christus zur Linken,
Er die Kraft,
Er der Friede!

Christus sei, wo ich liege,
Christus sei, wo ich stehe,
Christus sei, wo ich sitze,
Christus in der Tiefe,
Christus in der Höhe,
Christus in der Weite.

Ich erhebe mich heute in gewaltiger Kraft,
in Anrufung der Heiligsten Dreifaltigkeit,
im Glauben an die Dreiheit,
im Bekenntnis der Einheit des Weltenschöpfers.

Landschaft in der Grafschaft Roscommon.

Möge Reinheit sich spiegeln am Grund deines Herzens

Möge Sanftmut sein auf deinen Lippen,
lieblich und lau wie ein Abend im Sommer,
der langsam ins Laub der Bergeschen sinkt.

Möge freundlicher Sinn sich breiten
in deinen Augen,
anmutig und edel wie die Sonne,
die aus Nebeln sich hebend die ruhige See wärmt.

Möge Reinheit sich spiegeln am Grund deines Herzens,
heiter und hell wie der Quell des heiligen Brendan,
darin die Taube ihr Bild schaut.

Möge der Weisheit entsprießen
dir jegliche Handlung,
herrlich und hoch
wie der Weizen eines guten, gesegneten Jahres,
ohne Wurm, ohne Wühlmaus.

Klosterruine auf einer der zahlreichen Inselchen im Lough Erne, Co. Fermanagh, Nordirland.

Poulnabrone. Dolmen im Hochland des Burren, Co. Clare.

Gott segne euch, und die Segen der Heiligen
und mein eigener Segen seien mit euch.

Segne, was meine Liebe braucht

Gott segne die Erde, auf der ich jetzt stehe.
Gott segne den Weg, auf dem ich jetzt gehe.
Gott segne das Ziel, für das ich jetzt lebe.

Du Ewiger, du Immerdar,
segne mich auch, wenn ich raste.

Segne, was mein Wille sucht,
segne, was meine Liebe braucht,
segne, worauf meine Hoffnung ruht.

Du König der Könige,
segne meinen Blick.

Licht um dich her

Segen sei mit dir,
der Segen strahlenden Lichtes,
Licht um dich her
und innen in deinem Herzen.
Sonnenschein leuchte dir
und erwärme dein Herz,
bis es zu glühen beginnt
wie ein großes Torffeuer,
und der Fremde tritt näher,
um sich daran zu wärmen.

Aus deinen Augen strahle
gesegnetes Licht
wie zwei Kerzen
in den Fenstern deines Hauses,
die den Wanderer locken,
Schutz zu suchen dort drinnen
vor der stürmischen Nacht.

Wen du auch triffst,
wenn du über die Straße gehst,
ein freundlicher Blick von dir
möge ihn treffen.

Opferkerzen an einem „Meßstein“ bei Sligo.
Hier feierten die verfolgten Iren während der Cromwellschen Okkupation heimlich ihre Gottesdienste.

Landschaft auf der Halbinsel Dingle, Co. Kerry.

Mein Wunsch für deine Lebensreise

Möge Gott auf dem Weg,
den du gehst,
vor dir hereilen,
das ist mein Wunsch
für deine Lebensreise.
Mögest du die hellen Fußstapfen
des Glücks finden
und ihnen auf dem ganzen Weg folgen.

Möge Gott euch auf eurem Weg immer auf gute Möglichkeiten stoßen lassen.

Der Segen der Erde

Der Segen der Erde,
der guten, der reichen Erde
sei für dich da!
Weich sei die Erde dir, wenn du auf ihr ruhst,
müde am Ende des Tages,
und leicht ruhe die Erde auf dir
am Ende des Lebens,
daß du sie schnell abschütteln kannst –
und auf und davon
auf deinem Wege zu Gott.

Der Crough Patrick, Irlands heiliger Berg, Co. Mayo.

Die Männer des Himmels bei mir zu Gast

Ich möchte die Männer des Himmels
bei mir zu Gast haben
und große Fässer voll Fröhlichkeit
ihnen kredenzen.

Sie sollen lustig sein beim Trinken,
auch Jesus soll mit ihnen
bei mir zu Gast sein.

Einen großen See voll Bier
will ich bereit haben für den König der Könige.
Ich möchte die Heilige Familie
trinken sehen in alle Ewigkeit.

Typische irische Landkneipe in Dingle.

Mögest du Gnade und Erbarmen erlangen, mögest du ohne Sünde sterben, und mögen die gerechten Männer, die vor uns gestorben sind, ihren Teil der ewigen Herrlichkeit erhalten. *(Für jemanden, der einem Rauch- oder Schnupftabak gegeben hat.)*

Wir wünschen dir
Gesundheit des Lachens,
ein langes Leben,
ein starkes Herz
und immer was Flüssiges im Mund!

Sei bei mir zu aller Zeit

Du, voller Treue, Gott,
o liebender Gott voller Gnaden,
zeichne mich gegen alle Flüche,
zeichne mich gegen allen Zauber,
Du Gott des Lebens voll Mitgefühl.

Verzeihung schenke Du mir
bei meinen mutwilligen Reden,
bei meinen falschen Schwüren,
bei meinen dummen Taten,
bei meinem leeren Geschwätz.

Wie Du im Anfang warst,
als meine Wege begannen,
so sei Du auch wieder
am Ende meines Weges.

Wie Du bei mir warst,
als sich meine Seele formte,
sei Du, Vater, auch
für meinen Weg das Ziel.

Sei bei mir zu aller Zeit,
ob ich liege oder stehe,
sei bei mir im Schlaf,
mit denen, die mir lieb.

Gesundheit

Hilf uns, Erretter, mit dem auszukommen, was wir haben,
und schenke uns eine gute Gesundheit.
Möge Gott dich auf deinen Füßen stehen lassen.
Möge Gott dich bei uns lassen.
Möge Gott es geben, daß wir ein langes Leben vor uns haben.
Möge dir eine gute Gesundheit und ein langes Leben beschert sein.
Möge Gott dir den Gebrauch deiner Glieder lassen.
Möge Gott dir deine Kraft lassen.
Möge Gott dir die Kraft lassen zu gehen.
Möge Gott niemals das Leben in unseren Adern verringern.

Klosterruine von Kilmacduagh, Co. Galway.

Milchtransport auf der Dingle-Halbinsel.

Die gute Hand eines Freundes

Mögest du immer Arbeit haben,
für deine Hände etwas zu tun.
Immer Geld in der Tasche,
eine Münze oder auch zwei.
Immer möge das Sonnenlicht
auf deinem Fenstersims schimmern
und die Gewißheit in deinem Herzen,
daß ein Regenbogen dem Regen folgt.
Die gute Hand eines Freundes
möge immer dir nahe sein,
und Gott möge dir dein Herz erfüllen
und dich mit Freude ermuntern.

Möge Gott dich niemals bettelarm werden lassen.

Wenn man eine Mahlzeit bekommt

Gott schenke dir ein langes Leben.
Möge Gott die, die das Essen verdienen, erretten.
Möge Gott dir Wohlstand bringen, und möge er die Menschen,
die auf dem Feld arbeiten, vor Unglück bewahren.
Mögest du glücklich sein und nicht in Sünde sterben;
und möge dir kein Unglück geschehen, weil du mit einem Armen geteilt hast.

Möge Gott dich einen guten Mann (eine gute Frau) treffen lassen.

Beim Betreten eines Hauses

Möge Gott alle hier segnen.
(Antwort:) Ein langes Leben werde dir zuteil. Du bist willkommen.
Du bist willkommen in unserem Haus.
(Antwort:) Möget ihr ein gesundes und sicheres Leben und immer genug von allem haben.

Möge dein Dach nie einfallen
und mögen die, die darunter wohnen,
nie Streit bekommen.

Ehe

Möge eure Ehe erfolgreich sein, und möge Gott mit euch sein.
Möget ihr niemals noch einmal heiraten.
Möge Gott euch nicht kinderlos lassen oder als Witwer.
Möget ihr ein langes Leben haben und glückliche Tage,
und möget ihr nicht aus diesem Leben scheiden, bevor euer Kind entwöhnt ist.
Möge Gott euch Glück bringen.
Möge Gott euch eurem Partner erhalten.
Mögen euch gute Zeiten begleiten.

Haustür in Bundoran, Co. Donegal.

Irischer Reisesegen

Möge die Straße dir entgegeneilen,
möge der Wind immer in deinem Rücken sein.
Möge die Sonne warm auf dein Gesicht scheinen
und der Regen sanft auf deine Felder fallen.
Und bis wir uns wiedersehen,
halte Gott dich im Frieden seiner Hand.

Der Segen des Regens

Der gesegnete Regen,
der köstliche, sanfte Regen
ströme auf dich herab.
Die kleinen Blumen mögen zu blühen beginnen
und ihren köstlichen Duft ausbreiten,
wo immer du gehst.

Berglandschaft westlich von Tralee, Co. Kerry.

Hochkreuz von Monasterboice (Kreuz des Muiredach, 10. Jh.), Co. Louth.

Der Priester

Möge Gott dich in den Kleidern Christi belassen.
Die Erscheinung Christi auf deinen Mantel.

Das Kreuz Christi

Das Kreuz Christi sei zwischen mir und dem Feind meiner Seele und meines Körpers.
Möge das Kreuz der Kreuzigung mich erretten.
(Eine Mutter würde dies sagen, wenn sie ihr Kind mit Weihwasser segnet:)
Möge das Kreuz der Kreuzigung mit dir sein.
Das Kreuz Gottes sei zwischen uns und den Mächten des Bösen.
Das Kreuz Gottes sei zwischen uns und dem Teufel.
Das Kreuz Gottes sei mit mir und mit meiner Familie.
Das Kreuz Christi sei mit uns.

Möge Gott auch das kleinste deiner Gebete erhören.

Nimm dir Zeit

Nimm dir Zeit zu arbeiten – das ist der Preis des Erfolges.
Nimm dir Zeit zu denken – das ist die Quelle der Macht.
Nimm dir Zeit zu spielen – das ist das Geheimnis der ewigen Jugend.
Nimm dir Zeit zu lesen – das ist die Grundlage der Weisheit.
Nimm dir Zeit, freundlich zu sein – das ist der Weg zum Glück.

Macgillicuddy's Reeks, Bergkette bei Killarney, Co. Kerry.

Nimm dir Zeit zu träumen – sie bewegt dein Gefährt zu einem Stern.
Nimm dir Zeit, zu lieben und geliebt zu werden – das ist das Vorrecht der Götter.
Nimm dir Zeit, dich umzusehen – der Tag ist zu kurz, um selbstsüchtig zu sein.
Nimm dir Zeit zu lachen, das ist die Musik der Seele.

Segenssprüche für die Früchte der Erde

O Gott, segne die Früchte unserer Erde.
Möge Gott der Saat, die wir der Erde überlassen, Blüte und Frucht geben.
Möge die Arbeit Deiner Hand, o Herr, über diesem Jahr sein.
Möge Gott deine Ernte reich sein lassen.

Dolmen von Browneshill bei Carlow, Co. Carlow.

Clonmacnois. Schönste Klosterruine Irlands. Co. Offaly.

Wunsch nach Frieden

Den tiefen Frieden im Rauschen der Wellen
wünsche ich dir.

Den tiefen Frieden im schmeichelnden Wind
wünsche ich dir.

Den tiefen Frieden über dem stillen Land
wünsche ich dir.

Den tiefen Frieden unter den leuchtenden Sternen
wünsche ich dir.

Den tiefen Frieden vom Sohne des Friedens
wünsche ich dir.

Am Ende des Tages

Gottes Segen sei mit den verstorbenen Seelen,
und möge der allmächtige Gott uns Leben und Gesundheit lassen.
Möge Gott unsere Arbeit segnen und die Arbeit aller Menschen.
Möge Gott mich auf den richtigen Weg bringen.
Möge Gott unsere Wege lenken.
Möge Gott uns nicht erlauben, irgend etwas gegen unser Seelenheil zu tun.

Fest in seiner Hand

Möge der Herr dich in seiner Hand halten,
aber nie seine Faust zu fest zumachen.

Ein glücklicher Tod

Mögen wir nicht ohne Ölung und Buße sterben.
Möge Gott dich rufen.
Möge deine Seele in den Himmel kommen.
Mögest du und mögen die Deinen niemals zu einem schlechten Ende kommen.
Mögen wir nicht sterben, bevor Gott uns zu sich rufen will.
Möge Gott uns nicht verdammen.
Möge Gott meine Seele nicht unvorbereitet finden.
Möge Gott meiner Seele das himmlische Königreich zuteil werden lassen,
und möge er mir den vor mir liegenden Weg ebnen.
Möge Gott uns nicht zu sich rufen, wenn wir in Sünde leben.
Mögen Gott und die glorreiche Jungfrau und der heilige Joseph
und die Heerscharen der Engel unsere Seelen erlösen.
Das helle Licht Gottes sei mit uns.
Möge Gott uns ewiges Leben schenken.
Ein langes Leben und Wohlstand für dich
und am Ende das Königreich Gottes.
Das Siegel Christi (die heiligen Sakramente) sei auf unserer Seele,
bevor sie zu Dir kommt, o Gott.
In der Stunde unseres Todes möge das Strohbett im Himmel
für uns bereitet sein.
Mögest du leben, um einhundert zu sein und ein Jahr für die Buße,
und mögest du für immer im Himmel leben.
(Antwort:) Wenn es der Wille Gottes ist und gut für unsere Seelen.
Möge Gott uns auf unserem langen Weg helfen.
Möge Gott unseren langen Weg eben machen.

Grabstein eines Mönches in Clonmacnois, Co. Offaly.

Mein Wunsch für dich

Nicht, daß von jedem Leid
verschont du mögest bleiben,
noch daß dein künft'ger Weg
stets Rosen für dich trage
und keine bitt're Träne
über deine Wange komme
und niemals du
den Schmerz erfahren sollst.
Dies alles, nein, das wünsche ich dir nicht.

Denn kann das Herz
in Tränen nicht geläutert,
kann's nicht im Leid geadelt werden –
wenn nämlich Schmerz
und Not dich aufnimmt
in die Gemeinschaft mit Maria
und dem Kind,
so daß ihr Lächeln Zuversicht
und Trost gewährt?

Mein Wunsch für dich ist vielmehr dieser:
Mögest dankbar du und allezeit
bewahren nur in deinem Herzen
die kostbare Erinnerung der guten Dinge
in deinem Leben.

Felsen am westlichsten Punkt Irlands, dem Slea Head auf der Halbinsel Dingle.

Daß mutig stehest du
in deiner Prüfung,
wenn hart das Kreuz
auf deinen Schultern liegt,
und wenn der Gipfel,
den es zu ersteigen gilt,
schier unerreichbar scheint,
ja selbst das Licht der Hoffnung
zu entschwinden droht,
daß jede Gottesgabe in dir wachse
und mit den Jahren sie dir helfe,
die Herzen jener froh zu machen, die du liebst,
daß immer einen wahren Freund du hast,
der Freundschaft wert,
der dir Vertrauen gibt,
wenn's dir an Licht gebricht und Kraft,
daß du dank ihm
den Stürmen standhältst
und so die Höhen doch erreichst,
und daß in Freud und Leid
das Lächeln voller Huld
des menschgeword'nen Gottessohnes
mit dir sei
und du allzeit so innig Ihm verbunden,
wie er's für dich ersehnt.

Eine sanfte Straße

Mögest du warme Worte
an einem kalten Abend haben,
Vollmond in einer dunklen Nacht
und eine sanfte Straße
auf dem Weg nach Hause!

Deine Wege mögen dich aufwärts führen

Gott möge bei dir auf deinem Kissen ruhen,
dich schützend in seiner hohlen Hand halten.
Deine Wege mögen dich aufwärts führen,
freundliches Wetter begleite deinen Schritt.
Wind stärke dir deinen Rücken –
und mögest du längst im Himmel sein,
wenn der Teufel merkt, daß du fort bist.

Wegweiser mit gälischer und englischer Aufschrift bei Kilfenora, Co. Clare.

Die abenteuerliche Seefahrt des hl. Brendan ins Land der Verheißung. Wandschmuck an einem Haus in Tralee, Co. Kerry.

Möge Gott niemals dein Herz verhärten lassen.

In Dankbarkeit bewahren

Mögest in deinem Herzen du
so manchen reichen Lebenstag
in Dankbarkeit bewahren.
Mit den Jahren wachse jede Gabe,
die Gott dir einst verliehen –
um alle, die du liebst,
mit Freude zu erfüllen.
In jeder Stunde,
Freud und Leid,
lächelt der Menschgewordene
dir zu –
bleib du in seiner Nähe.

Irischer Segen

aus dem Jahre 1692, auch für das neue Jahr

Geh deinen Weg ruhig – mitten in Lärm und Hast,
und wisse, welchen Frieden die Stille schenken mag.

Steh mit allen auf gutem Fuße, wenn es geht,
aber gib dich selber nicht auf dabei.

Sage deine Wahrheit immer ruhig und klar
und höre die anderen auch an,
selbst die Unwissenden, Dummen – sie haben auch ihre Geschichte.

Laute und zänkische Menschen meide.
Sie sind eine Plage für dein Gemüt.

Wenn du dich selbst mit anderen vergleichen willst,
wisse, daß Eitelkeit und Bitterkeit dich erwarten.
Denn es wird immer größere und geringere Menschen geben als dich.

Freue dich an deinen Erfolgen und Plänen.
Strebe wohl danach weiterzukommen, doch bleibe bescheiden.
Das ist ein guter Besitz im wechselnden Glück des Lebens.

Übe dich in Vorsicht bei deinen Geschäften.
Die Welt ist voll Tricks und Betrug.
Aber werde nicht blind für das,
was dir an Tugend begegnet.

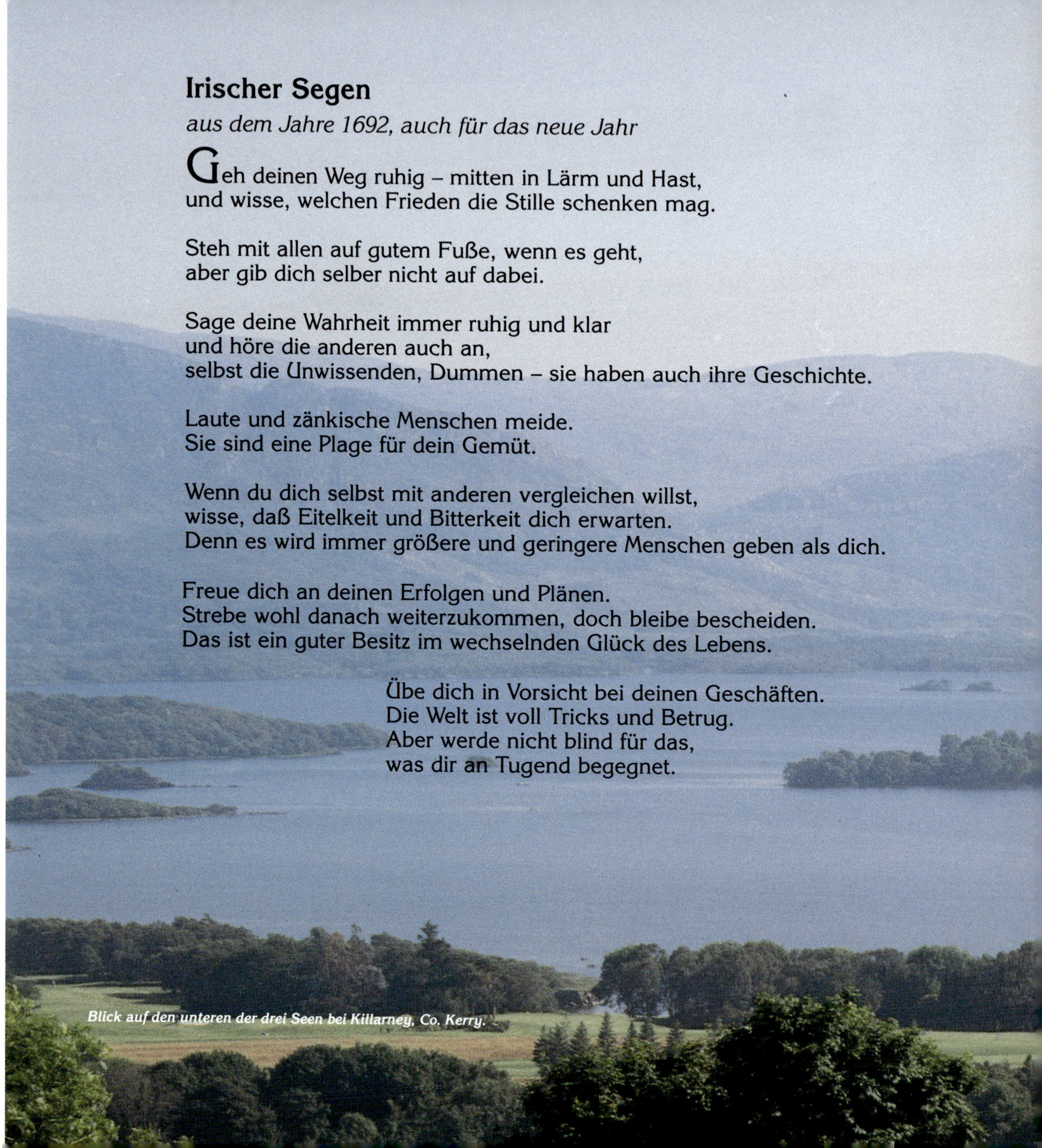

Blick auf den unteren der drei Seen bei Killarney, Co. Kerry.